AF555242

LA PERSE

Ouvrages du même Auteur :

L'Avenir financier de la Tunisie...... **Un franc.**
Le Vénézuéla........................ **Un franc.**

PARIS
AUGUSTE GHIO, ÉDITEUR
Palais-Royal, 1, 3, 5, 7, Galerie d'Orléans

Arcis-sur-Aube. — Imp. Léon Frémont, place de la Halle.

LA PERSE

PAR

EDMOND OUTREY

Membre du Conseil supérieur de la Société d'Instruction et d'Éducation populaires; Membre des Sociétés: de Géographie de Paris; d'Ethnographie; du Collège International de Milan; etc., etc.

PARIS

AUGUSTE GHIO, ÉDITEUR

PALAIS ROYAL, 1, 3, 5, 7, GALERIE D'ORLÉANS

1880

ADRESSE

A SA MAJESTÉ NASSER-ED-DIN

schah de Perse

SIRE,

Nous venons, avec confiance, supplier votre Majesté d'accepter l'hommage de ce modeste travail, car nous n'avons pas perdu le souvenir des deux visites successives dont Elle a honoré la France.

Nous savons votre amitié pour les Français dont vous parlez la langue, votre noble désir de mener vos peuples dans la voix du progrès et des réformes utiles ; enfin, vous êtes le premier des souverains de l'Iran qui soyez venu parmi nous pour juger de la civilisation européenne, assuré de ne rencontrer que des amis respectueux sur votre passage ; votre attente n'a pas été trompée, et cette grande initiative restera comme une des plus belles pages de l'histoire de la Perse et de votre règne glorieux et fécond à tant de titres.

Depuis longtemps, mes ancêtres ont habité la Perse ou servi les princes régnants de la dynastie des Kadjars.

Mon bisaïeul était médecin du Schah, son fils, et par conséquent mon grand-père, M. Outrey, était vice-consul à

Bagdad, ville où son souvenir est encore conservé précieusement aujourd'hui, et son beau-frère, mon grand-oncle, le chevalier Amédée Jaubert, pair de France, fut chargé d'une mission diplomatique et secrète en 1805 par le gouvernement français, mission ayant pour but de nouer de bonnes et solides relations avec sa Majesté Feth-Aly-Chah, alors empereur de la Perse.

Il est inutile, Sire, de retracer ici cette mission historique auprès de votre illustre ancêtre, qu'il nous soit permis simplement de rappeler que notre oncle ne parlait jamais sans attendrissement des procédés de courtoisie et d'honneur dont il avait été l'objet de la part du souverain et des grands à la cour de Téhéran.

Dès notre jeune âge, nous avons donc été bercé avec les souvenirs de ces grands voyages; ces grandes traditions de famille qui sont pour nous de précieuses lettres de noblesse, ont pris racine profondément dans notre cœur; les ghazels harmonieuses de la Perse, le chant mélancolique et doux de ses poètes nous sont familiers. Ce n'est pas sans joie et sans orgueil que nous avons gardé la certitude que nos ancêtres avaient servi et aimé les Schahs de Perse, vos aïeux et vos prédécesseurs.

Aussi la Perse est-elle pour nous, non pas une patrie d'adoption ou une seconde patrie, mais la patrie idéale, la patrie poétique et embaumée de nos rêves.

Voilà pourquoi, Sire, nous ne voulons pas laisser briser le lien qui semble unir les nôtres à la dynastie des Kadjars, mais bien au contraire, le resserrer par un nouveau chainon.

C'est dans ce but, Sire, et aussi pour apprendre aux Français l'histoire, la vie et les espérances de vos peuples, que nous déposons ce travail à vos pieds, persuadé que votre Majesté voudra bien se souvenir du passé, accueillir le présent, encourager l'avenir.

Nous sommes, Sire, avec le plus profond respect, de votre Majesté, le très-humble et très-dévoué serviteur.

EDMOND OUTREY.

Paris, 1er janvier 1880.

I

Aperçu historique

Nous ne pouvons pas avoir la prétention de retracer ici l'histoire de la Perse dans l'antiquité, car alors cet empire tenait une place si considérable dans le monde, qu'il faudrait des tomes in-folio pour mener à bien cette longue entreprise.

Il ne peut donc être question en quelque sorte que de l'Iran dans les temps modernes, c'est d'ailleurs le côté le plus utile aujourd'hui et cependant le moins connu.

Comme le dit fort judicieusement M. Louis Dubeux, dans son grand ouvrage sur la Perse, tout le monde connaît son passé. « La délivrance des Israélites captifs à Babylone, la bataille de Marathon, l'expédition d'Alexandre, la défaite de Crassus, le triomphe de Sapor sur Valérien, les conquêtes de Thamas-Kouli-Kan, les derniers revers des armées persanes, sont autant de faits que nous avons tous présents à la mémoire. »

Cyrus à lui seul demanderait un historien; Xercès, le combat des Thermopyles, Pharnace, la bataille de Mycale, Actaxercès, Xénophon, sa retraite et son ouvrage immortel contiennent, comme homme et comme événements, une grande partie de l'histoire de l'antiquité.

Cependant, pour donner un résumé de ce grand empire *historique* qui ne dura pas moins de deux cent six ans, nous rappellerons ici, pour mémoire, les noms des treize rois qui gouvernèrent pendant cette période :

Cyrus régna seul............	7	ans	»	mois.
Cambyse....................	7	»	5	»
Smerdis, le mage et interrègne.	»	»	7	»
Darius, fils d'Hystaspe.......	36	»	»	»
Xerxès Ier.................	21	»	»	»
Actaxerxès, longuemain......	40	»	»	»
Xerxès II..................	»	»	2	»
Sogdien....................	»	»	7	»
Darius Nothus..............	19	»	»	»
Actaxerxès Mnémon..........	46	»	»	»
Ochus......................	21	»	»	»
Arsès......................	2	»	»	»
Darius Codoman.............	6	»	»	»
	206	ans	9	mois.

Nous avons souligné *historique* à dessein, car si nous cherchons l'histoire de la Perse d'après les sources orientales, nous tombons à chaque pas dans une véritable stupéfaction ; leur esprit amplificateur, leur imagination excessive, leur amour du merveilleux, font du passé une légende mythologique assurément pleine de charme et de poésie, mais que l'historien le plus crédule ne saurait accepter un instant, malgré toute la bonne volonté qu'il y pourrait mettre ; on sait que les Chinois ont un passé qui remonte à quatre cent mille ans, il en est un peu malheureusement partout comme celà en Orient, et il est souvent difficile, pour ne pas dire impossible, de démêler les traces de la vérité au milieu de ce détail inextricable de dynasties et de peuples d'autant moins connus que la plupart des ouvrages écrits dans les langues du pays n'ont pas encore été traduits et que tout moyen de contrôle nous échappe. Nous sommes donc forcés, jusqu'à plus ample informé, de nous en tenir à ce que nous ont légué les Grecs et les Romains et c'est fâcheux, car il y a à coup sûr une très-vieille civilisation en Asie absolument inconnue ; espérons qu'un jour tous ces voiles tomberont, et qu'il nous sera permis de rétablir son histoire sur les bases de la saine critique.

Ainsi, sous la première dynastie, appelée des *Pischdadiens*, le quatrième roi Djemschid, fondateur de Persépolis, qui porte encore aujourd'hui le nom de *Takti-Djemschid* ou trône de Djemschid, régna sept cents ans.

Dhohac, cinquième roi, régna mille ans ; Afridoun, le sixième, cinq cents ans.

Caï-Kobad, le premier roi de la dynastie des Caïaniens, régna cent ans, et Caï-Caous, le second, eut un règne de cent cinquante ans. Il est bien évident que cette chronologie des dynasties persanes rentre dans l'histoire fabuleuse de l'Asie et qu'il est impossible d'y ajouter foi.

Mais il faut bien l'avouer, ces traditions ont véritablement une grandeur homérique, le merveilleux intervient à chaque pas, et rien n'est intéressant comme la chronique d'Abou-Djafar-Mohamed-Tabari, faite d'après la version persane d'Abou-Ali-Mohamed-Bélomi.

Sous ces premières dynasties, les dogmes d'Ormouzd et de Zoroastre formaient toute la religion du pays.

Les principes généraux, en somme, en valaient bien d'autres; Zoroastre prescrivait les ablutions, le paiement de la dîme, le respect envers les prêtres, la pratique de la prière et de l'aumône, la destruction des insectes, des reptiles et des bêtes venimeuses, l'horreur de tous les vices et particulièrement du mensonge, l'un des plus grands crimes.

Toutes ces lois, moitié morales, moitié sociales et inhérentes en quelque sorte aux besoins clymatériques du pays, devaient passer à travers les siècles, en grande partie dans le Coran.

Mais il est un passage singulier de ces lois sur lequel il est utile de s'arrêter pour bien donner la couleur exacte des mœurs de ces premiers temps; d'autant plus que l'*instinct*, on peut dire en est resté presque intact à l'heure présente chez les Guèbres et les Parsis.

« Le mariage est un devoir pour le sectateur d'Ormouzd; *celui qui n'est point marié est au-dessous de tout*, dit la loi, l'union la plus méritoire est celle qui a lieu entre parents, peut-être le précepte de Zoroastre avait-il pour but d'empêcher les alliances avec les infidèles et de conserver le bien dans les mêmes familles, sans autoriser toutefois les mariages entre parents au premier degré. Mais, quoiqu'il en soit, nous voyons qu'à toutes les époques, il y a eu en Perse des mariages entre frères et sœurs, mères et fils, pères et filles, ces unions monstrueuses, d'abord assez rares, et seulement tolérées, devinrent ensuite tellement fréquentes, que les auteurs de l'antiquité, les historiens musulmans, plusieurs pères de l'église, et notamment saint Jean Chrysostôme, en font un grave sujet de reproche contre les adorateurs d'Ormouzd[1]. »

Comme on le voit, la religion, tout en indiquant les grands principes de vertu, nécessaires à la vie de tous les peuples, péchait singulièrement par certains côtés.

1. La Perse, par Louis Dubeux.

Nous arrivons aux époques véritablement historiques avec les Séleucides et les Arsacides, dont les représentant les plus illustres, d'après les historiens grecs et latins furent Artaban et Mithridate.

Puis viennent les Sassanides avec Artaxerxès ou Artaxarès.

Cabadès, qui monta sur le trône en 485 de J.-C., avait eu un grand nombre d'enfants de ses concubines et trois fils de ses épouses légitimes. L'un d'eux devait jouer un grand rôle dans les destinées de son pays et recevoir une ambassade de l'empereur Justinien; l'histoire devait l'appeler le grand Chosroës, et les Orientaux lui donner le surnom d'*Anouschirvan*, c'est-à-dire *âme généreuse*.

Il est bien certain que ce grand prince, placé dans l'estime des persans au-dessus de Cyrus fut un homme remarquable, mais les historiens grecs du temps sont loin de lui accorder les mêmes vertus.

Nous sommes bien, malgré nous, forcé de passer rapidement sur l'histoire persane du moyen-âge, sous les califes et sous les dynasties des Tahérides, des Saffarides et des Samanides, cela nous ferait sortir forcément de notre cadre restreint.

Plus tard, la dynastie des Sophis devait jeter un grand éclat.

Nous passons également la dynastie des Zends pour arriver à l'époque contemporaine avec la dynastie des Cadjars, qui eut pour fondateur Aga-Mohamed-Khan.

Ce prince périt assassiné à l'âge de soixante-trois ans. Il avait montré de grandes capacités et une énergie singulière, pour assurer sa dynastie sur le trône de Perse, car son père Mohamed-Hoseïn était un simple chef cadjar.

Baba-Kan succéda à Aga-Mohamed sous le nom de Feth-Ali,

en y ajoutant le titre de Schah, qu'aucun prince n'avait osé prendre depuis l'extinction de la famille de Nadir.

Son règne fut marqué par la guerre qu'il eut à soutenir contre les Russes. L'un de ses fils, le prince Abbas-Mirza, montra de bonne heure de grandes capacités militaires, et M. Jaubert, qui fut reçu par lui avec toutes les marques de la plus sincère amitié, en fait le plus grand éloge dans la relation de son voyage diplomatique en Perse.

Voici quelles furent les principales conditions du traité signé entre la Perse et la Russie :

Article 1er. — Il y aura paix perpétuelle entre la Russie et la Perse.

Art. 2. — Le traité de Gulistan est et demeure révoqué; le présent traité lui sera substitué.

Les articles 4 et 5 déterminaient très-minutieusement la ligne des frontières.

Art. 6. — La Perse payera à la Russie une indemnité de quatre-vingts millions de roubles.

Art. 7. — Le prince Abbas Mirza est reconnu par la Russie comme héritier présomptif de la couronne de Perse.

Art. 8. — Les Russes navigueront librement sur toute la Mer Caspienne et pourront seuls y entretenir des bâtiments armés.

Quelques mois après le traité de *Tourcmantschaï*, M. Griboyedoff fut envoyé par la Russie comme ambassadeur auprès de la cour de Téhéran, mais ses prétentions exorbitantes ameutèrent la populace et, malgré tous les efforts de la troupe, de Feth-Ali-Schah et de l'un de ses fils, il périt assassiné avec presque toute sa suite.

Malgré l'horreur d'un pareil attentat, il faut avouer que sa conduite inqualifiable avait amené tout le mal et que la cour n'y était pour rien, à tel enseigne que le Schah lui-même dût s'enfermer dans son palais fortifié, pour éviter la vengeance du peuple qui ne lui pardonnait pas les mesures prises pour sauver l'ambassade russe.

A la mort de Feth-Ali-Schah, Mohamed-Schah, fils du prince Abbas-Mirza et par conséquent son petit-fils, lui succéda et monta sur le trône sans difficulté.

Nous arrivons ainsi à l'histoire contemporaine de l'empire de l'Iran. Mais là doit s'arrêter ce rapide résumé, car nous consacrerons plus loin un chapitre spécial au prince actuellement régnant, sa Majesté Nasser-Ed-Din Schah.

II

Situation géographique.

Dans l'antiquité, les bornes de l'empire de la Perse étaient à l'est, le fleuve Indus; au nord, le Jaxartès, la mer Caspienne, la chaîne du Caucase et le pont Euxin; au sud, la mer des Indes, le golfe Persique et l'Arabie; à l'ouest, il serait fort difficile de fixer des limites, car elles variaient souvent, les guerres incessantes entre les Grecs et les Perses les déplaçaient sans cesse. Cependant, on peut, d'une manière générale, indiquer la mer Egée comme borne à l'Empire de ce côté.

L'histoire de l'antiquité étant présente à la mémoire de tout le monde, tandis qu'on n'en saurait dire autant malheureusement pour les époques plus récentes, du moins en ce qui concerne l'Orient, nous pensons que le meilleur moyen de faire saisir l'ensemble de l'Empire Perse, est de donner ici le tableau de ses provinces avec leur ancien nom, autant toutefois que cela est possible :

NOMS MODERNES	NOMS ANCIENS	VILLES PRINCIPALES
Irak-Adjemi.......	Grande Médie, Parthie..	Téhéran, Ispahan, Caschan, Kom, Hamadan, Casbin, Zendjan, Soultanieh.
Tabaristan........	Pays des Tapyres Hyrcanie................	Damavend, Damegan.
Mazendéran.......	Pays des Tapyres, Hyrcanie................	Sari, Amol, Farahabad, Aschrof, Barforouch, Astérabad.

NOMS MODERNES	NOMS ANCIENS	VILLES PRINCIPALES
Ghilan............	Pays des Gelæ – Cadusiens................	Rescht, Enzili.
Aderbaïdjan.......	Médie Atropatène.......	Tauris, Oudjan, Méraga, Ahar, Ardebil, Khaï, Selmas, Mianeh, Ourmia, Sabalag.
Kurdistan persan ..	Elymaïs ou pays d'Elam..	Kirmauschah, Senneh.
Kourzistan	Susiane................	Schouster, Dizfoul, Khourremabad, Ahvaz.
Fars.............	Persis.................	Schiraz, Istakchar, Mourgab, Besse, Darabguerd, Firouzabad, Cazeroun, Sourma, Yezdkhast, Yezd, Ardjan, Baft, Djaroun, Bender-Abouschehr, plus connue sous le nom de *Bouschir*.
Laristan	Carmanie et Persis......	Sar, Vélazguerd, Gomroun ou Bender-Abbassi.
Kirman...........	Carmanie et Persis......	Kirman.
Khorosan occidental.	Parthyène. Aria	Meschehed, Nischabour, Cabouschan[1].

La Perse est donc actuellement divisée en onze provinces.

Aujourd'hui, la Perse est bornée au nord par l'Arménie et le Schirvan réunis à l'Empire de Russie, puis par la mer Caspienne et le Turkestan; à l'est, par l'état de Hérat, le Caboul et le Béloutschistan; au sud, par le golfe d'Oman et le golfe Persique; à l'ouest, par la Turquie asiatique, tout le pays est très-élevé et forme un vaste plateau qui se réunit à celui de l'Asie-Mineure et de l'Arménie à l'ouest, et touche à l'est au plateau de l'Afghanistan et du Béloutschistan.

Ses principales rivières sont le Caroun, qui verse ses eaux

1. Nous avons suivi simplement l'orthographe des auteurs les plus autorisés dans le cours de cette brochure sans y rien changer. Cette remarque est nécessaire, car la plupart ne sont pas d'accord.

avec celles de l'Abzal et du Djerhaï dans le golfe Persique ; son cours est d'environ cent lieues.

Le Kéroh, qui s'appelle en turc *Korasou* (eau noire), se jette dans le Schah-el-Arab, près de Bosroh, après un parcours de cent quarante lieues.

Le Sitaroguian prend sa source dans le Faristan, et se jette dans le golfe Persique.

Le Divroud se jette également dans le même golfe, en face l'île de Kischmisch.

Le Séfidroud (rivière blanche en persan) ou Kizilouzen (eau rouge en turc) se jette dans la mer Caspienne.

Le Tedzen traverse une partie du Khorasan et se jette dans le golfe de Bolkan, son cours est de près de cent lieues.

Le Bendemir se jette dans le lac Bakhtégan.

Le Zendehroud, qui arrose Ispahan, se perd dans les sables.

Le Schourehroud passe par Nischabour dans le Khorasan, et se perd également dans les sables, phénomène assez fréquent en Perse.

Enfin, le Mourgab (autrefois Margus) coule également dans le Khorasan et disparaît aussi dans les sables.

Le lac Bakhtégan, plus connu sous le nom de *lac de Niriz*, n'a pas d'issue visible; il reçoit, chose singulière, plusieurs rivières d'eau douce, et cependant ses eaux sont salées et ne renferment aucun poisson, son étendue est de soixante lieues de circonférence, mais sa profondeur moyenne ne dépasse guère une vingtaine de pieds, ce qui est extraordinaire pour une aussi grande superficie.

Le lac d'Ourmia tire son nom de la ville d'Ourmia dans l'Aderbaïdjan, sa longueur est d'environ trente lieues, et sa largeur de quinze lieues, ses eaux sont absolument saturées de sel.

On se rappelle cette comparaison éternellement juste de Strabon : la Perse ressemble au dos d'une immense panthère, ce qui était vrai alors l'est encore aujourd'hui ; de vastes déserts couvrent çà et là une partie de l'Empire, ces déserts sont plutôt salés que sablonneux, ce qui indique la présence antérieure de la mer.

Le grand désert salé sépare le Khorasan de l'Irak-Adjémi, sa longueur est d'environ cent trente lieues et sa largeur de soixante-dix lieues. Les déserts au nord du Kirman se réunissent à lui.

On peut évaluer la superficie des déserts en trois dixièmes de la surface totale du sol de la Perse, ce qui est énorme.

Les montagnes qui sont élevées et offrent souvent des vues admirables, des gorges profondes, des effets prodigieux de neige à côté de plaines brûlantes, comme le raconte si bien M. le comte de Gobineau dans son voyage en Perse [1], renferment de riches mines d'or, d'argent, de fer et de cuivre, malheureusement encore mal exploitées.

« L'air est sec et chaud, dit M. Dubeux, sur les bords du golfe Persique, il y a dans ces régions des époques où la chaleur est si étouffante, que les naturels eux-mêmes ont de la peine à la supporter. Pendant les quatre mois que dure l'été, les habitants se retirent dans l'intérieur pour éviter la chaleur du soleil, dangereuse pour tout le monde, mais surtout pour les étrangers, intolérable pour ceux même qui ont habité l'Inde.

Un vent particulier, nommé *Badsémoun* ou *Samyet*, s'élève

1. Trois ans en Asie, 1859.

quelquefois le long du golfe Persique. Ce vent s'annonce avec fracas; à son approche, le ciel paraît rouge et enflammé, le Sémoun tue sur-le-champ par la suffocation, ceux qui en sont frappés tombent en poussière lorsqu'on les touche, sans que pour cela le visage soit fort altéré. »

Il n'en est pas de même sur les côtes de la mer Caspienne, dans le Gilhan et dans le Mazendéran, où le climat est très-marécageux, très-humide et très-insalubre.

En une nuit les étoffes sont trempées à les tordre, et les fers les mieux huilés sont entièrement rouillés ; voici, du reste, ce que conte Chardin à cette occasion : « Un courrier arrivant un jour du Mazendéran à Ispahan, armé d'un arc et d'un sabre, un jeune seigneur qui était à la cour comme il arrivait, s'étant mis à prendre l'arc du courrier pour l'essayer, comme c'est assez la façon, il le trouva si mou, qu'il lui dit en riant : « Qu'est ceci, monsieur le courrier ! vous avez un arc qu'un enfant banderait ! — Cela peut être, seigneur, répondit-il; mais, si vous êtes fort, tirez mon sabre. » Il voulait dire que l'humidité qui avait amolli la corde de son arc avait rouillé son épée dans le fourreau. » Dans tout le reste de l'Empire, l'air est très-sec et très-froid dans les montagnes.

Dans l'intéressante notice du colonel Trézel sur le Ghilan et le Mazendéran, qui est placée à la fin du volume de M. Jaubert, nous trouvons des détails bien curieux sur ces deux provinces riveraines de la mer Caspienne.

La végétation y est si active, les arbres si drus et si serrés qu'on a peine à parcourir le pays à cheval, il n'y a guère que des forêts et de vastes marécages ou des rivières. Cette végétation est si riche que les maisons sont absolument perdues dans les arbres et que les habitants manquent d'air, ce qui ne contribue pas moins que le sol marécageux à les rendre malades et à leur donner des fièvres presque perpétuelles.

On a prétendu que la Perse n'avait aucun moyen de défense de ce côté contre un débarquement des Russes, mais, comme le fait remarquer fort judicieusement M. Trézel, dans un pays aussi dangereux, au point de vue clymatérique, pour des étrangers et aussi peu praticable, la défense est très-facile et partant l'invasion à peu près impossible.

Nous nous sommes arrêté sur les points extrêmes du golfe Persique et de la mer Caspienne, mais dans l'intérieur du pays l'air est excellent, la campagne admirable, les villes gaies, et rien n'est curieux comme un voyage à travers ces magnifiques contrées; aussi, à chaque page, M. le comte de Gobineau laisse-t-il déborder son admiration; Ispahan, avec ses allées légendaires de platanes, avec son Tchékelsontoun ou les quarante colonnes, palais merveilleux rappelant le goût chinois appliqué à l'ornementation persane. Persépolis avec ses ruines grandioses, sa terrasse imposante, et ses palais Achœménides, les plaines immenses, infinies, vertes, gaies, lumineuses, sous un ciel admirable et tachées au loin de points noirs : les tentes des hordes vagabondes, des kurdes, des bakhtyarys, qui vivent côte à côte avec les paysans, les habitants des villes et forment un autre peuple, peuple étrange, éminemment pittoresque et poétique au milieu de la nation sédentaire.

Le mouvement plein de vivacité et d'entrain des grandes villes, où les caravansérails regorgent de femmes, d'oisifs, de marchands, de graves moullahs, les ghazels au rhithme tantôt grave et doux, tantôt passionné et volupté que chantent avec délice tous les Persans, surtout lorsqu'ils sont en marche.

Les longues caravanes, l'air content de tout ce peuple qui ne pense qu'à chanter, boire, jouir de la vie, fumer du tunbeki, et tirer des feux d'artifices : la suprêmepassion nationale, tout cela laisse un souvenir enchanteur dans l'esprit, qui prouve combien l'Empire de l'Iran est bien véritablement le pays des mille et une nuits de l'immortel conteur!

Nous ne pouvons mieux terminer ce chapitre qu'en donnant une description de M. le comte de Gobineau :

« Je n'avais encore rien imaginer de si étonnant que yezdykhast, c'est une ville, mais on prendrait cette ville pour une ruche; elle présente de toutes parts un grand mur, qui, jusqu'à une hauteur considérable, n'est autre chose que le rocher même, creusé de cavernes au pied, et les fenêtres, ou les trous qui en tiennent lieu, paraissent tout à fait au sommet. On a relié tous ces appartements [illegible]ériens par des constructions qui les complètent, et des plates-formes que l'on prend indifféremment pour des terrasses ou pour des cours; tout cela, accumulé l'un sur l'autre, s'élève dans le ciel bleu comme une cathédrale, s'avance comme une presqu'île, et cette portion de rocher et de terre n'a qu'une seule partie qui en puisse permettre l'accès. Nous allâmes visiter l'intérieur de cette cité bizarre; c'est peut-être plus étrange encore que le dehors, on entre, par un pont mobile, qui est le seul passage, on se trouve sous une grande porte voûtée, conduisant à la rue du village; mais cette rue dallée, et sur laquelle donnent toutes les issues des habitations, est si étroite et si surplombée par les pignons, que le jour y pénètre avec peine, et c'est plutôt un corridor qu'une rue; enfin, tout ceci ressemble au premier étage d'une vaste et unique maison, ce qui n'empêche pas d'ailleurs les vaches, les chèvres et les moutons de s'y promener familièrement en compagnie des chiens et des chats. »

Ne croirait-on pas, en lisant cette description humouristique, entendre un des contes qui charmaient notre enfance : les pays de soleil seront toujours des pays de surprise et de poésie.

III

Industrie, Commerce

Tout le monde s'est rendu compte, l'année dernière *de visu*, à l'Exposition universelle, de l'état de l'industrie et du commerce en Perse. Leurs merveilleux tapis, leurs étoffes luttant avec celles de Kachemire, leurs incrustations, leurs ciselures sont de véritables œuvres d'art pleines de goût et de patience, et rappelent souvent par un heureux mélange les triples sources inspiratrices autochthone, arabe et mongole.

L'emploi des glaces joue un grand rôle dans la décoration des salons, des appartements, et la manière dont les artistes savent les approprier aux besoins et aux goûts nationaux est fort ingénieuse.

Les plaines sont en général bien cultivées et fournissent des céréales de toute espèce, du riz, des cannes à sucre, des foins, etc.; les villes sont entourées de jardins célèbres par leur nombre et leur beauté, et là les fruits de toutes sortes réussissent admirablement et la vigne s'élance jusqu'au sommet des plus grands arbres pour laisser retomber ses grappes dorées et vermeilles en cascades.

Comme le pays est coupé en tous sens par de vastes déserts, l'industrie est forcément cantonnée dans quelques centres ; le moyen le plus sûr de se rendre compte de son état dans l'empire est donc simplement de rappeler les spécialités de chaque ville :

« On fabrique à Théran des tapis de laine feutrée de toutes les grandeurs, destinés à meubler les appartements, à servir de lit aux voyageurs et à plusieurs autres usages. Ces tapis ne durent pas autant que les beaux tapis pluchés que l'on exporte de Perse, et ne sont pas aussi chers, quoique faits avec la laine la plus fine du pays.

Les tapis feutrés sont teints en diverses couleurs; mais le plus grand nombre est d'un gris rougeâtre, avec un dessin au milieu et aux quatre angles. On fabrique aussi à Théran des petits objets de peu d'importance, et entre autres des fers propres à garnir le talon des souliers. Le métal en est si doux qu'on le travaille presque à froid. Ce fer est tiré des montagnes à l'est de Théran, sur le chemin de Firouzcouh[1].

Nous trouvons dans le même auteur des détails aussi curieux sur l'industrie d'Ispahan : « Ispahan renferme encore des manufactures bien déchues de ce qu'elles étaient autrefois. Le produit le plus important de ces manufactures est le brocart, qui a une belle apparence, mais qui est cependant loin d'égaler les étoffes d'or de France. Les riches particuliers portent, les jours de fête, des robes de brocart, et c'est de cette étoffe que sont faites les *Khilats* ou robes d'honneur que le roi et les princes confèrent aux grands à titre de récompense. Il y a aussi à Ispahan des manufactures de satin, de taffetas (mot persan, comme l'on sait) et d'autres étoffes de soie.

Les rouets sont construits sur le modèle de ceux d'Europe. Morier visita une maison où on filait tous les jours cinquante

1. Louis Dubeux.

écheveaux de soie ; on lui fit voir sept métiers appartenant au même manufacturier et destinés à fabriquer de longs mouchoirs de soie bleue que les femmes portent autour de la tête comme des turbans ; ces sept métiers employent trente ouvriers payés à la pièce et non à la journée.

Les manufactures de toiles de coton sont en assez grand nombre. La matière première se récolte dans les environs ; on en consomme les neufs dixièmes à Ispahan ; le reste s'exporte. La meilleure de ces étoffes de coton est le *Kadeh*, toile excellente et très-forte qui ressemble au nankin, et sert à l'habillement de toutes les classes de la société, depuis le roi jusqu'au paysan ; la Russie en enlève une assez grande quantité qu'elle importe par la voie de la mer Caspienne.

Le *Kerbas* est une autre toile de coton dont le bas peuple fait des chemises et des caleçons ; la plus forte qualité s'emploie pour couvrir des tentes ; lorsque ces toiles sont imprimées, elles prennent le nom de *Tschit*, on va les laver sur les bords du Zeudchroud, on les bat sur une pierre, puis on les étend sur le sable pour les faire sécher. Les manufactures d'Ispahan fournissent encore au commerce du papier, de la poudre à tirer, des lames de sabre et de la poterie, mais en petite quantité. »

Il n'est pas hors de propos de remarquer que ces lignes ont été écrites en 1840 et que depuis tout cela change rapidement grâce à l'initiative et à l'impulsion toute puissante données à l'industrie nationale par le prince régnant, comme nous le verrons plus loin.

Casbin, qui ne possède pas moins de soixante mille habitants, est entourée de vergers et de vignobles superbes qui donnent les plus beaux et les meilleurs raisins de toute la Perse.

Les campagnes qui entourent Astérabad sont généralement stériles, et cependant elles produisent une garance de première qualité. On sait qu'Astérabad, qui est en réalité la capitale du Mazendéran, est une ville trés-commerçante située sur la mer Caspienne, et que le mouvement d'affaires avec la Russie y est considérable.

On fabrique beaucoup d'étoffes de soie à Rescht, la capitale du Ghilan.

Enzili est un centre actif de commerce de cabotage avec la Russie.

Schiraz est célèbre dans le monde entier par ses vins.

Dans le golfe Persique on se livre au commerce des perles fines sur une très-grande échelle ; les pêcheurs et les plongeurs forment une partie de la population des côtes. L'huîtes perlière est aussi bonne à manger que l'huître ordinaire. Seulement elle se trouve souvent à une très grande profondeur en mer, aussi les plongeurs sont vite malades et meurent fort jeunes.

Les perles sont si communes en Perse, que les plus ordinaires sont employées à orner des pipes, des brides de chevaux et de simples miroirs de poche.

Il y a une mine de cuivre sur le cap Bustion, autrefois exploitée par les Portugais, mais aujourd'hui abandonnée.

Il se fait dans l'île de Kharac, qui se trouve en face Bouschir, dans le golfe Persique, un grand commerce de perles fines.

Les persans mêmes très-instruits ne sont pas fort en statistique et leur exagération orientale fait qu'il est fort difficile de se faire une idée de l'état financier du pays ; cependant nous donnons ici deux tableaux dressés par M. Jaubert, lors de son voyage, au commencement du siècle, il est vrai, mais qui par leur sincérité pourront fournir quelques éclaircissements sur cette partie obscure de l'histoire de l'empire d'Iran :

NOMS des Provinces.	NOMBRE présumé de la population.	SOURCES ET AUTORITÉS
Erivan.......	120.000	Rapports des Arméniens.
Aderbaïdjan ..	1.400.000	— des Persans.
Ghilan.......	250.000	Mém. manusc. de M. Trézel.
Mazendéran ..	750.000	— —
Irâc.........	1.500.000	Rapports des Persans.
Farsistan.....	700.000	— —
Kurdistan....	Mémoire.	
Kerman......	—	
Kousistan....	300.000	— —
Khoraçan	700.000	— —
NOMADES		
Langue turque	420.000	Tableau des trib. milit. de la Perse.
— kurde.	88.000	Id.
— arabe .	130.000	Id.
— loure .	124.000	Id.
Arméniens ...	70.000	Tab. des nat, qui hab. la Perse.
Guèbres	20.000	The History of. Persia.

RÉCAPITULATION

Habitants sédentaires Tadjiks.............	5.720.000
Nomades	752.000
Arméniens..............................	70.000
Guèbres	20.000
Juifs et Zabiens.........................	Mémoire
Tribus inconnues [1]	—
Total général.....	6.562.000 hab.

1. On peut, sans crainte d'exagération, porter à 300 ou 400,000 le nombre des nomades inconnus ou omis dans ce tableau.

Maintenant voici le tableau approximatif des revenus de la couronne :

	Tomans [1].
Produit des domaines de la couronne.........	700.000
Redevances que les princes, les Khans, etc., payent au Chah, sur le maliâl et autres contributions..................................	500.000
Droits de douane et péages..................	Mémoire.
Droits sur les vignes et vergers.............	—
Droits sur les maisons, caravansérails, bains, moulins, etc.	—
Taxes sur les marchandises mises en vente dans les bazars et sur les fabriques.................	400.000
Contributions de toute espèce payées par la ville et la province d'Ispahan......................	700.000
Droits sur les monnaies....................	Mémoire.
Présents faits par les sujets qui sollicitent des grâces et autres recettes extraordinaires........	600.000
Total....	2.900.000

ce qui équivaut à 58.000.000 francs.

Les revenus du Chah se composent donc :

1° du produit de ses domaines; 2° des redevances que lui payent les gouverneurs des provinces ; 3° des droits de douane sur diverses marchandises; 4° des tributs imposés aux chefs des hordes nomades et aux princes de quelques contrées voisines ; 5° des présents que lui font, pour s'attirer sa bienveillance, divers gouverneurs régnicoles ou étrangers et notamment ceux du Hérat toujours divisés entre eux.

Autrefois les chefs nomades acquittaient en chevaux, en bestiaux, en feutres, en tapis; mais depuis plus de soixante et dix ans le Chah exige au moins le cinquième en argent.

1. Le toman vaut environ 20 fr.

Les revenus de la Perse pouvaient donc s'élever, au commencement du siècle, à 80,000,000 de francs, somme faible si l'on songe que le Schah doit pourvoir à toutes le dépenses de sa maison et entretenir son armée ; il est vrai que les frais de perception sont monstrueux et doublent cette somme dans les mains des gouverneurs et fonctionnaires de l'empire, ce qui est malheureusement trop commun en Orient et même en Turquie.

Il est bien évident que depuis cinquante ans les choses ont changé de face, surtout dans ces derniers temps. « La raison en est, en Perse comme en Chine, dans l'abondance des matières premières, le bon marché de la vie et le bas prix de la production. Jusqu'à présent il y a eu importation européenne en Perse et non pas exportation ; mais si un état européen avait la main, comme cela a été supposé plus haut, dans les affaires du pays, cette situation changerait de toute nécessité, et on se verrait en face d'un terrain producteur, ayant à profusion le coton, les lainages de première qualité, la soie, le charbon de terre, le cuivre, le plomb, l'étain, le fer et une population très-disposée à mettre en œuvre ces richesses. Si l'on ajoute à ces considérations la haute intelligence commerciale des Persans et le fait que la tendance de l'Europe a à l'abandon graduel des systèmes protecteurs, je crois que l'on sera convaincu qu'il ne restera guère de moyens de lutter contre les productions asiatiques, ce qui revient à dire que le mal fait par l'Asie aux Grecs et aux Romains menace tout autant l'Europe moderne [1]. »

Tout en acceptant pour partie ces judicieuses paroles, nous pensons fermement qu'il y a place pour tous sous le soleil et que le commerce du monde entier ne peut que gagner au réveil du vieil empire Persan.

1. Le comte A. de Gobineau.

IV

Mœurs, Coutumes, Religions

Les mœurs des orientaux ont été décrites tant de fois, qu'elles sont sans doute assez connues, et puis après Chardin, Tournefort et Volney, il paraît téméraire de s'étendre sur un sujet si bien traité par eux.

Néanmoins elles offrent toujours un contraste si frappant avec les nôtres, elles sont toujours si poétiques, si ensoleillées, si remplies d'un parfum capiteux, que nous voulons en dire ici quelques mots pris aux meilleures sources, notamment d'après notre grand oncle, le chevalier A. Jaubert et d'après le comte de Gobineau.

Il est un point capital qu'il ne faut pas perdre de vue, c'est que les mœurs des orientaux d'aujourd'hui ne sont que le reflet fidèle de celles des orientaux d'autrefois, cela est frappant dans toute l'Asie et particulièrement en Chine où l'on jouit d'une civilisation relativement avancée, mais stationnaire depuis des milliers d'années.

Mahomet fonda simplement ses lois sur celles établies voilà tout; la Mecque est une ville sainte, mais bien avant l'établissement de l'Islamisme l'usage était de tourner le visage vers cette cité, rappelant ainsi, que durant la captivité de

Babylonne, les juifs se tournaient du côté de Jérusalem, lorsqu'ils adressaient à Dieu leurs prières[1].

Le prophète a confirmé l'usage de la circoncision qui n'était d'ailleurs qu'une mesure d'hygiène comme la plupart des lois judaïques qu'on ne veut pas se donner la peine de comprendre aujourd'hui. Il fut obligé aussi d'instituer une sorte de Pâques pour conserver le souvenir de la fête annuelle dite *des sacrifices* qu'il ne put abolir.

La meilleure preuve de ce que nous avançons, c'est qu'Hérodote est encore à l'heure actuelle un des meilleurs historiens des coutumes orientales, ainsi il dit en parlant des animaux immondes qui ont toujours été un sujet d'horreur en Orient, « si quelqu'un en touche un, seulement en passant, il va pour se purifier, se plonger dans l'eau avec tous ses vêtements. »

Les femmes, comme cela se pratique dans tout l'Orient depuis la plus haute antiquité, ne sont que trop les esclaves de leurs maris, cependant, c'est loin d'aller jusqu'où on pourrait le croire, l'esprit de famille, l'amour réciproque, le respect du père poussé aussi loin que possible, sont des vertus communes en Perse et les femmes sont loin d'avoir la bassesse, la fausseté et la stupidité qu'on veut bien leur prêter en Europe.

Elles ne connaissent point la liberté, ne la désirent pas et sont contentes de leur sort, ce qui prouve qu'elles ne sont point si malheureuses ni si avilies qu'on se le figure généralement, « on peut leur reprocher de la nonchalance et trop de goût pour la parure, les bijoux et les choses futiles; (voilà bien le portrait d'une parisienne!) mais, en général, elles sont aimables, douces et modestes, le voile de la pudeur qui prête

1. Proph. Dan. chap. VI, v. 10.

tant d'attraits à ce qu'il couvre, supplée souvent en elles aux grâces que donnent aux Européennes la liberté et l'usage du monde [1]. »

Voici d'après le même auteur quelques particularités intéressantes sur les mariages Kurdes et Persans [2].

« Lorsqu'un homme veut marier son fils, son neveu ou son pupille, il charge quelques femmes d'aller voir celle qu'il se propose de lui donner pour épouse, à leur retour, elles doivent en faire un portrait fidèle, quelquefois même elles facilitent au prétendu les moyens de monter sur la terrasse d'une maison voisine pour voir furtivement la personne dont il veut demander la main.

Les deux familles étant d'accord, on fixe un jour pour les fiançailles, qui quelquefois ont lieu plusieurs années avant la célébration du mariage, et même dans l'enfance des futurs époux. L'accomplissement de cet acte est constaté par l'envoi qu'on fait à la fiancée d'un anneau, d'une pièce de monnaie et d'un mouchoir brodé, et uniquement destiné à cet usage. Cette promesse est sacrée. Les filles n'apportent point de dot, mais seulement quelques objets mobiliers et quelques présents [3].

La nuit fixée pour le mariage, la jeune épouse est conduite

1. Amédée Jaubert.

2. Il y a aussi d'autres espèces de mariages beaucoup moins moraux par louage (*mutaïe* ou *Kabin*) et par achat, sur lesquels Chardin et *The History of Persia* donnent de grands détails.

3. Voici ce que dit à ce sujet le président Hénault « la grande union des mariages d'alors pourrait venir principalement de ce que les maris ne recevaient point de dot de leurs femmes, dans l'origine elles leur apportaient quelques armes, présent militaire qui se ressentait de la rudesse de ces premiers temps. Mais il n'était question pour le mari ni de terres, ni d'argent.... Bien plus, suivant l'usage de la loi salique, loin que les femmes apportassent rien en partage à leurs époux, c'étaient eux au contraire qui les dotaient.

avec pompe par ses parents et ses amis dans la maison de celui à qui elle va unir sa destinée. Elle marche couverte d'un voile épais, soutenue par sa mère et par quelques-unes de ses compagnes, sur son chemin, elle entend les vœux qu'on adresse au ciel pour que son hymen soit heureux. Les maisons qui sont sur son passage sont presque toutes illluminées. C'est un usage pour ceux qui les habitent de l'inviter à prendre quelques rafraîchissements qu'on a soin de tenir prêts. La marche dure fort longtemps, soit à cause de ces fréquentes haltes, soit parce que le cortège n'avance qu'avec une extrême lenteur.

Chez les Kurdes lorsque l'épousée arrive au seuil de la porte, le nouvel époux se présente à elle, la saisit entre ses bras, la place sur ses épaules et la porte jusqu'à son appartement. Cette coutume est établie pour que les jeunes filles n'aient point à rougir en voyant l'une d'elles entrer de son plein gré dans une maison jusqu'alors étrangère.

Cependant l'époux n'a point encore vu les traits de celle à laquelle il est uni par le nœud le plus solennel. Il a pu la ravir à ses parents, mais il ne peut lui enlever le voile, ce droit est réservé à la mère ou à une parente de l'épousée, et exercé par elles comme le dernier acte de leur autorité. Alors les gémissements simulés des femmes, se changent en félicitations qu'elles adressent à l'époux. On prépare un repas, après lequel on chante des vers (carmina fescennina) de nature à blesser les oreilles chastes. »

Le droit et le respect de l'hospitalité sont sacrés comme l'on sait même chez les tribus Kurdes.

Les persans ne connaissent ni le duel, ni le suicide, ni la passion du jeu qui font tant de ravages chez nous.

Le peuple est extrêmement poli, adore les vers, les chants, les Ghazels et les feux d'artifice, les bouffons parcourent le pays en récitant les vers des grands poëtes nationaux.

Le comte de Gobineau rapporte un fait bien caractéristique de la politesse proverbiale des persans. « Tout ce qui possédait un cheval à Kaschan était venu audevant de nous, et entre autres le fils du gouverneur, Mirza-Taghy-Kan, jeune administrateur de la plus belle expérance, mais peu chargé d'années; il n'avait que six ans. Il n'en montait pas moins un cheval qui, sous lui, paraissait d'une taille gigantesque, et dont un vieux ghoulam, gardien du jeune homme, surveillait les allures. Mirza - Taghy-Kan ne fut nullement arrêté par sa jeunesse dans les compliments qu'il nous fit, et il s'en acquitta avec une gravité, une noblesse et une aisance qui nous parurent merveilleuses. J'entrepris la conversation avec lui, et je fus on ne peut plus étonné de l'entendre parler comme un sage sur tous les sujets. En général, les enfants persans d'un rang élevé, sont de très bonne heure des gens du monde; mais, parmi ses émules, Mirza-Taghy-Kan est un des types les plus accomplis que j'aie rencontrés de la politesse nationale. Ce petit courtisan ne finissait pas ses phrases sans y ajouter une formule obligeante. »

Il est assez difficile de parler de la religion des persans en quelques lignes, la foi Musulmane seule est reconnue, mais les anciennes religions ont laissé bien des traces vivantes.

Ainsi chez les Kurdes qui observent la foi jurée et les lois de l'hospitalité, et qui considèrent les fiançailles comme un lien indissoluble[1] une tribu adore le diable comme génie du mal et se fait gloire d'imiter son dieu.

1. Il en était de même chez les Hébreux; la loi de Moïse porte que si une vierge fiancée s'abandonne à un homme, elle sera ainsi que lui, lapidée comme coupable d'adultère. (Deuter, chap. 22, § 23.)

Les Sonnites et les Schiites ne sont pas d'accord puisque les premiers reconnaissent pour légitimes successeurs de Mahomet, les trois premiers califes Abou-Bècre, Omar et Osman, tandis que les autres les considèrent comme les usurpateurs des droits sacrés d'Ali. Aussi les persans maudissent-ils ces princes avec une fureur et une énergie dont on ne peut se faire une idée si on n'en a pas été témoin quoiqu'au fond tout celà ne soit qu'apparent : l'hypocrisie est le fond commun de chacun ; les religions secrètes étant en grand honneur.

Puis les Sofis ou Contemplatifs arrivent avec leurs différentes sectes, puis les Nossayrys qui sont très-nombreux.

Il est évident que les prêtres du feu, que les antiques dogmes de l'Inde, de Zoroastre et d'Ormouzd ont laissé partout des traces indélébiles,, non-seulement chez les Guèbres et les Parsis[1], qui tendent à disparaître et ne sont plus que quelques centaines dans chaque province malgré la grandeur évidente de leurs croyances, mais encore dans toute la nation et cela d'autant plus facilement, que le faux prophète s'est contenté de faire un salmis de toutes les religions établies avant lui.

Dans le savant mémoire sur l'Ethnographie de la Perse de Nicolas de Khanikof publié par la société de géographie, nous trouvons des détails intéressants sur la taille et la structure du peuple persan, Persans de l'intérieur, Guèbres, Kourdes, Bakhtiaris, Téhéranis, etc.

La race est belle, grande et remarquable dans tout l'empire et même dans le Ghilan et le Mazendéran, les deux provinces marécageuses des bords de la mer Caspienne où les hommes sont souvent chétifs, les femmes offrent encore des types très purs et d'une grande beauté.

Le Persan tient le milieu entre l'Indien et l'Européen et l'on peut dire sans exagération qu'il réunit toutes les grâces et toutes les qualités physiques de ces types si différents.

1. Les Parsis établis aux Indes y sont puissants et nombreux.

V

Sa Majesté Nasser-Ed-Din-Schah, Empereur de Perse.

Tout le monde a présent à la mémoire les deux voyages que le Schah de Perse entrepris ces dernières années à travers l'Europe, on se souvient des fêtes magnifiques qui ont marqué son premier voyage chez nous.

Tous les Parisiens ont pu contempler cette grande figure, ce grand air souverain joint à la plus extrême courtoisie qui distingue l'Empereur de l'Iran. Tous ont pu apprécier par eux-mêmes combien la France était sympathique au prince oriental et quel plaisir il éprouvait à se trouver au milieu de nous. On peut donc bien dire hardiment que le Schah est le plus populaire des souverains étrangers, non-seulement à cause de ses qualités personnelles, du faste de sa suite, de l'éclat qui l'environne, mais surtout à cause aussi de l'amitié qu'il a su inspirer au peuple Français.

Ce grand exemple d'un Empereur tout puissant de l'Orient, quittant tout, palais, femmes, harem, luxe asiatique, risquant de perdre sa couronne dans une conspiration, et ne reculant devant aucune difficulté, aucun obstacle, aucune conséquence, pour venir chercher en Europe les progrès modernes et en faire profiter son peuple, est vraiment digne d'admiration.

Fils aîné de Méhémed-Schah, Nasser-Ed-Din-Schah est né en 1830, il succéda à son père sans difficulté, et monta sur le trône le 13 octobre 1848.

Son père était déjà entré résolûment depuis quelques années dans une ligne politique toute nouvelle en entretenant de bonnes relations avec les puissances européennes.

A peine au pouvoir, il avait le bonheur d'échapper à une tentative d'assassinat.

Ayant conscience de la grande mission qu'il avait à remplir, le jeune empereur, à peine sur le trône, s'efforça de réformer toute l'administration de ses Etats, mais le plus souvent, il avait à lutter contre la routine ou l'intérêt des grands, et ses propres serviteurs détruisaient tout le bien commencé par des révolutions de palais.

Dans les premières années du règne, les Russes et les Anglais exercèrent presque exclusivement leur influence à la cour de Téhéran.

Mais cela devait bientôt changer, en 1855, notre envoyé extraordinaire, M. Bourée, était reçu d'une façon solennelle par le Schah, et peu de temps après (12 juillet), un traité de paix et d'amitié était signé entre les deux puissances. A dater de ce jour, la politique suivit une ligne toute nouvelle.

Lorsque la guerre d'Orient éclata, le cabinet de Téhéran déclara son intention de garder la neutralité entre le cabinet de Saint-Pétersbourg et la Sublime-Porte ; cependant, le 15 décembre 1855, il signait un traité avec la Russie, les cours occidentales s'en émurent, mais la signature de la paix définitive écarta heureusement toute complication.

En 1856, les Russes, sous le prétexte d'arrêter les envahissements des Anglais dans l'Afghanistan, mettaient le siége devant Hérat, et ne tardaient pas à s'en emparer.

V

Sa Majesté Nasser-Ed-Din-Schah, Empereur de Perse.

Tout le monde a présent à la mémoire les deux voyages que le Schah de Perse entrepris ces dernières années à travers l'Europe, on se souvient des fêtes magnifiques qui ont marqué son premier voyage chez nous.

Tous les Parisiens ont pu contempler cette grande figure, ce grand air souverain joint à la plus extrême courtoisie qui distingue l'Empereur de l'Iran. Tous ont pu apprécier par eux-mêmes combien la France était sympathique au prince oriental et quel plaisir il éprouvait à se trouver au milieu de nous. On peut donc bien dire hardiment que le Schah est le plus populaire des souverains étrangers, non-seulement à cause de ses qualités personnelles, du faste de sa suite, de l'éclat qui l'environne, mais surtout à cause aussi de l'amitié qu'il a su inspirer au peuple Français.

Ce grand exemple d'un Empereur tout puissant de l'Orient, quittant tout, palais, femmes, harem, luxe asiatique, risquant de perdre sa couronne dans une conspiration, et ne reculant devant aucune difficulté, aucun obstacle, aucune conséquence, pour venir chercher en Europe les progrès modernes et en faire profiter son peuple, est vraiment digne d'admiration.

En 1866, Féruck-Khan est devenu ministre d'État de la maison de l'Empereur.

Hassan-Ali-Khan a depuis longtemps formé et rédigé un grand projet de chemin de fer de la Méditerranée au golfe Persique. Personne plus que lui n'est à même de mener à bien cette entreprise grandiose, il aime et connaît à fond l'Europe, où il a rempli à diverses reprises des missions importantes auprès des cours de Rome, de Paris et d'Angleterre.

Voici ce que disait M. le comte de Rigauld, en 1873 : « Le souverain dont le voyage à travers l'Europe cause ce mouvement universel d'attention et de respect, est précisément S. M. Nasser-Ed-Din-Châh, empereur de Perse, auquel la tradition conserve le titre de Châh-in-Châh, c'est-à-dire de roi des rois, par une de ces expresions symboliques qui attestent au moins la grandeur des origines et des souvenirs.

Le prince qui règne aujourd'hui sur l'empire d'Iran, est le quatrième de la dynastie des Kadjars dont l'avènement au trône, vers la fin du dernier siècle, a mis fin aux luttes civiles et aux usurpations qui désolaient le pays depuis deux cents ans. Généreux, instruit, de mœurs sobres et sévères, ne demandant qu'à l'exercice viril de la chasse une distraction aux soins et aux soucis de la politique, il a été formé jeune au gouvernement des peuples. Son père, Mohammed-Châd, lui avait confié l'administration d'une des plus riches provinces de l'empire, l'Aderbaïdjian, sur les bords de la mer Caspienne et aux pieds du Caucase où il fit preuve des dons naturels qui signalent les hommes d'état. Il fut porté à son tour au trône par la mort de son père, en 1848, son règne fut d'abord troublé par diverses insurrections, entre autres celles du Khorassan, derniers vestiges des habitudes du passé, puis par la formidable conspiration des Bâbis, qui mit en péril la vie même du prince. D'autres catastrophes plus douloureuses sont encore venues éprouver, sans l'ébranler, l'obéissance de son peuple, son esprit de patience et sa résignation. L'Europe entière s'est émue au récit de la famine qui a décimé la Perse en 1870, et qui, agissant sur le cœur et sur l'intelligence du Prince, devait amener les décisions hardies et généreuses qui ouvrent désormais devant ce pays un nouvel avenir. »

Aujourd'hui, le Schah poursuit sans relâche les réformes salutaires dont l'empire doit profiter. Administration, finances, armée, toutes les branches sont l'objet de sa sollicitude paternelle.

Grâce à son initiative, la Perse sera bientôt dotée de postes, de télégraphes, de chemins de fer, de routes, d'un hôtel des monnaies, etc., comme les états européens.

Les canaux et les ponts, qui depuis la plus haute antiquité ont été des œuvres d'art si remarquables en Perse, comme par exemple le pont d'Allahver-di-Khan ou celui de Hasan-Abad, qui sont des merveilles architecturales pleines de grâce et de hardiesse, sont entretenus et restaurés, chose qu'on oubliait de faire depuis trop longtemps.

Des relations amicales et commerciales sont nouées avec toutes les puissances européennes et la France peut être fière d'occuper le premier rang dans les sympathies du Schah.

Comme autrefois, lorsque notre bisaïeul était médecin d'un de ses ancêtres, Nasser-Ed-Din a un médecin français auprès de lui et les officiers de notre nation sont les bienvenus à la cour de Téhéran.

Notre commerce trouvera donc en Perse un marché nouveau et nous devons témoigner hautement notre reconnaissance à Sa Majesté Nasser-Ed-Din Schah, que l'histoire désignera comme le plus grand prince des temps modernes en Orient.

ANNEXES

Nous donnons ci-dessous une courte biographie de M. le chevalier Amédée Jaubert, grand'oncle de l'auteur, d'après Larousse, et les états de services de M. Georges Outrey, grand-père de l'auteur, d'après le ministère des affaires étrangères; ceci est sans doute peu de chose sur ces diplomates dont la vie si bien remplie demanderait un volume; néanmoins nous avons pensé que ces simples notes devaient trouver place ici en attendant un travail bibliographique complet sur leurs missions en Orient et notamment à la cour de Téhéran.

Note de l'Editeur.

Jaubert (P.-Amédée-Emilien-Probe), orientaliste français, membre de l'Institut (1830), né à Aix (Bouches-du-Rhône) en 1779, mort en 1846, il fut un des élèves les plus distingués de Sylvestre de Sacy, fit l'expédition d'Egypte en qualité de premier secrétaire interprète du général en chef, devient professeur de turc en France, accompagna Sébastiani en Orient (1802) puis Brune à Constantinople (1804) et reçut en 1805 la mission de se rendre en Perse pour y négocier un traité avec le Schah. Arrêté par le pacha de Bayazer, il ne put reprendre sa route qu'après quatre mois de captivité, fut fort bien accueilli par Feth-Ali-Schah, revint par le nord, au milieu de difficultés sans nombre et rejoignit Napoléon à Varsovie (1807).

C'est lui qui en 1818 alla acheter en Orient les chèvres thibétaines que l'on est parvenu à acclimater en France. Secrétaire interprète du roi en 1819, il devint après 1830 membre de la Chambre des paires, professeur de persan au Collége de France et directeur de l'école des langues orientales. On a de lui : *Voyage en Arménie et en Perse en* 1805-1808 (1821, in-8°) ; *Eléments de la grammaire turque* (1823-1834), in-4° ; *Géographie d'Edrici*, traduite de l'arabe (1836-1840), 2 vol. in-4°, et des articles dans le *Journal asiatique*.

MINISTÈRE
DES
Affaires Étrangères

DIRECTION
DES CONSULATS
ET
Affaires Commerciales

COPIE

Paris, le 20 décembre 1879.

ÉTAT *des services de M. Outrey, Georges, né à Bagdad le* 2 *juillet* 1781.

	1805.	— Mission en Perse.
4 Mai	1807.	— Vice-Consul à Bagdad.
10 septembre	1823.	— Vice-Consul à Rhodes.
31 octobre	1827.	— Chevalier de la Légion-d'honneur.
1er août	1828.	— Attaché à l'expédition commandée par le général Maison.
10 mai	1829.	— Consul à Rhodes.
12 mai	1831.	— Consul à Trébizonde.
22 août	1833.	— Consul de première classe.
20 juin	1843.	— Admis à faire valoir ses droits à la retraite.

Nous donnons ici un résumé rapide de l'état actuel de la Perse d'après « *les Kadjars* » de M. Edmond Dutemple :

POPULATION

Ce vaste empire, qui s'étend sur une superficie d'environ 1,650,000 kilomètres carrés, ne compte qu'une population de cinq millions d'âmes, ainsi répartie : un million dans les villes, un million sept cent mille dans les campagnes et dans les bourgades, et un million sept cent mille de nomades, Turcs, Curdes, Arabes.

COMMERCE

Le commerce comprend, comme principaux articles d'importation, les étoffes de coton d'Angleterre et certains articles du commerce parisien[1] ; comme exportation, la soie, l'opium, le coton, les châles et les tapis, etc.

L'importation totale est d'environ 64,000,000 de francs et l'exportation de 37,500,000 fr.

FINANCES

Les impôts produisent environs 4,912,500 tomans, du quart environ payés en nature, soit orge, blé, riz, paille, pois, soie, etc.

Les dépenses de l'administration générale s'élèvent à environ 4,250,000 tomans.

Le trésor royal renferme environ 3,750,000 tomans en ducats, impériales et tomans ; 1,250,000 tomans en vaisselles d'or ; 4,500,000 tomans en bijoux, pierres précieuses, etc.

Sur le budget général, le Chah prélève 500,000 tomans pour ses dépenses privées, et annuellement 500,000 tomans sont

1. L'activité et le dévouement infatigables de M. Meunier, consul général de Perse à Paris sont assurément pour beaucoup dans le développement des affaires entre les deux nations ; personne ne connaît mieux le pays et n'en défend les intérêts avec une plus juste autorité.

versés comme excédent au trésor. Si l'on ajoute 500,000 tomans consacrés aux dépenses extraordinaires du prince, on voit que celui-ci dispose d'un revenu annuel de 1,500,000 tomans à peu près.

ARMÉE

L'armée, organisée sur le pied français, comprend environs 151,300 hommes, dont : 85,500 hommes de troupes régulières actives, 45,000 de troupes de réserve (cavalerie irrégulière), et 30,800 des milices actives des provinces d'Asterabâd, du Mazendérân et du Guilân.

Il y a 10 régiments d'artillerie et 100 canons.

Le budget de l'armée est 1,750,000 tomans par an.

Les régiments correspondent aux diverses tribus ou localités où ils sont recrutés.

GOUVERNEMENT

Le gouvernement est despotique-absolu ; la volonté du prince forme loi.

Les provinces sont administrées par des gouverneurs. Chaque ville est régie par un Kétkouda, élu par le peuple. C'est le maire, il n'a aucun traitement fixe, mais il a le droit, et il en use, de prélever une légère rétribution sur chaque maison de la ville, et de faire cultiver par ses administrés une certaine étendue de terrain exempte de taxe.

Les diverses services de l'administration sont confiés à des directeurs généraux. Pour mieux faire comprendre la division de ces services, nous donnons ci-après la composition du ministère actuel (1873), qui d'ailleurs date de 1866 :

Le prince Naïbos-Seltenet, — guerre.

Firouz-Mirza, — administration de l'armée.

Djéhanguir-Khan, — directeur des arsenaux.

Mirza-Youssof, — ministre des finances, grand maître de la garde-robe, directeur du timbre et des écuries royales.

Doust-Ali-Khan, — contrôleur général des finances, directeur de la monnaie.

Prince Ali-Kouli-Mirza,—ministre du commerce et de l'instruction publique, directeur des mines, des manufactures, de l'imprimerie et des télégraphes.

Mirza-Saïd-Khan, — ministre des affaires étrangères, directeur des chemins de fer, directeur des cultes autre que l'islamisme.

Mehemmed-Khan, — ministre de la maison royale, introducteur des ambassadeurs, surintendant du harem, travaux publics et postes.

Ferrokh-Khan, — grand référendaire, directeur général des douanes.

Gholam-Hassein-Khan, — ministre de la justice.

Abdollah-Khan, — ministre des pensions et des fondations pieuses.

Pacha-Khan, — garde des sceaux et conseiller intime.

Mirza-Hoshem-Khan, — surintendant des services du palais.

Mohammed-Nassir-Khan, — grand-maître des cérémonies.

FIN

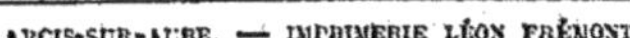

ARCIS-SUR-AUBE. — IMPRIMERIE LÉON FRÉMONT.

TABLE

www.ingramcontent.com/pod-product-compliance
Lightning Source LLC
LaVergne TN
LVHW021716230826
846091LV00006BA/2200
* 9 7 8 2 0 1 3 3 7 3 2 6 5 *